ERWIN MOSER

Das schöne Bärenleben

BELTZ
& Gelberg

ERWIN MOSER

Das schöne Bärenleben

BELTZ
& Gelberg

Am Sonntag geht der kleine Bär
spazieren durch das Blumenmeer.

Die Eule wohnt im dunklen Tann.
Der Bär besucht sie dann und wann.

Im roten Auto sitzt der Bär.
Der grüne Frosch ist der Chauffeur.

Vom Himmel brennt die grelle Sonne.
Der Bär schläft in der Regentonne.

Es blitzt und donnert ohne Pause.
Der kleine Bär läuft schnell nach Hause.

Der Igel bläst Trompete.
Der Bär spielt auf der Flöte.
Es singt dazu die Kröte.

Der Wolf, der ist ein übler Wicht!
Der Bär öffnet die Haustür nicht!

Der fliegende Teppich gehört der Maus.
Der Bär fliegt mit ihr manchmal aus.

Die Bienen machen heut' dem Bär
das Leben wirklich äußerst schwer!

Der Bär fährt oft im Abendrot
segeln mit dem Rabenboot.

Der Bär erzählt am Lagerfeuer
den Katzen seine Abenteuer.

Die Blätter fallen von den Bäumen.
Im Bett kann man jetzt herrlich träumen.

Bei Frost gefriert das Wasser schnell.
Der Bär hat's gut im warmen Fell.

Tief verschneit sind Berg und Hügel.
Der Bär fährt Schlitten mit dem Igel.

3. Auflage, 88.–97. Tausend, 1997
© 1990 Beltz Verlag, Weinheim und Basel
Programm Beltz & Gelberg, Weinheim
Alle Rechte vorbehalten
Einband von Erwin Moser
Gesamtherstellung
Druckhaus Beltz, 69494 Hemsbach
Printed in Germany

Lesebücher von Erwin Moser bei Beltz & Gelberg

Großvaters Geschichten
oder Das Bett mit den fliegenden Bäumen
Gebunden, 244 Seiten *ab 8*

Der Rabe Alfons
Eine märchenhafte Geschichte. Gebunden, 48 Seiten *ab 8*

Der Rabe im Schnee
22 Gute-Nacht-Geschichten zu 48 farbigen Bildern. Gebunden, 48 Seiten
Zum Vorlesen oder ab 7

Ein seltsamer Gast
22 Gute-Nacht-Geschichten zu 48 farbigen Bildern. Gebunden, 48 Seiten
Zum Vorlesen oder ab 7

Sultan Mudschi
22 Gute-Nacht-Geschichten zu 48 farbigen Bildern. Gebunden, 48 Seiten
Zum Vorlesen oder ab 7

Das Findelkind
22 Gute-Nacht-Geschichten zu 48 farbigen Bildern. Gebunden, 48 Seiten
Zum Vorlesen oder ab 7